CHÉRIE MAISON DU BISCUIT

シェリーのお菓子

小林かなえ

文化出版局

Contenu

ビスキュイとクリーム Biscuit & Crème　10　74

12　ビスキュイ
　　基本のビスキュイ　14　75
　　パルミジャーノのビスキュイ　76
　　スペキュロスのビスキュイ　76
　　ショコラのビスキュイ　77
18　2種のスプレッドクリーム
　　悪魔のラムレーズンバター　18　78
　　天使のいちごバター　18　79
20　4種のクリーム
　　発酵バター×卵　20　80
　　発酵バター×チーズ　20　80
　　発酵バター×チョコレート2種　20　81

焼きたてスコーン Scone　28　82

30　スコーン
　　基本のスコーン　32　83
　　ショコラのスコーン　84
　　ナッツのスコーン　84
　　ベリーのスコーン　84

恋するマドレーヌ Madeleine　38　85

40　マドレーヌ
　　基本のはちみつのマドレーヌ　42　86
　　ショコラのマドレーヌ　46　87
　　いちごのマドレーヌ　46　87
　　チョコレート・コーティング　47　87
　　栗のマドレーヌ　46　88
　　ピスタチオ&チェリーのマドレーヌ　46　88

⌂ **季節のケイク** Cake 50 89

52　ケイク
　　　基本のケイク　56　90
　　　さくらんぼのケイク　60　91
　　　フレッシュオレンジのケイク　61　91
　　　レモンとポレンタのケイク　64　92
　　　栗のテリーヌ（ケイク・オ・マロン）　66　93
　　　ケイク・オ・ショコラ　68　94

95　シェリーのお菓子　CHÉRIE MAISON DU BISCUIT

この本のきまり
大さじ1は15㎖、小さじ1は5㎖。グラニュー糖は製菓用の微粒のものを使用。
オーブンの表示温度と焼き上がり時間は、機種によって多少の違いがありますので、目安としてください。

ビスキュイとクリーム Biscuit & Crème

さぁ、どうぞ。
こんなすてきなビスキュイサンドをいただいたら、誰だって、うれしくって飛び上がるに違いありません。しかも、それがあなたのお手製だったら、ビックリどころか大感激してくれるはずです。
サクッ、ほろっのビスキュイは、やさしくて、1枚食べたら、またもう1枚食べたくなる。形を変えたり、味を変えたり、バリエーションも楽しめる。クリームやフルーツをサンドすれば、世界で一つ、あなただけのビスキュイサンドが作れますよ。

ショコラのビスキュイ
page77

基本のビスキュイ
page75

パルミジャーノのビスキュイ
page76

スペキュロスのビスキュイ
page76

基本のビスキュイ　作り方 page 75

1 バター、カソナード、塩を合わせてよく混ぜる。

2-1 水を加えて混ぜる。

2-2 粉類を3回に分けてふるい入れる。

2-3 さっくりさっくり混ぜる。

3-1 生地をラップフィルムに取り出し、手のひらで軽く押さえる。

3-2 上からさらにラップフィルムをかぶせてめん棒で薄くのばす。

4 バットに入れて冷蔵庫で一晩冷やす。

5 生地を打ち粉をふった型で抜き、天板に並べる。

2種のスプレッドクリーム page78-79

悪魔のラムレーズンバター

天使のいちごバター

バターに、ラム酒漬けレーズンとラム酒のペーストを加える。

さらに高速で混ぜる。

チョコレートは湯煎で溶かし、粗熱をとっておく。

天使のいちごバターは、いちごパウダーを加え混ぜる。

4種のクリーム page80-81

発酵バター×ルビーチョコレート

発酵バター×卵

発酵バター×ホワイトチョコレート

発酵バター×チーズ

1 卵とグラニュー糖を白っぽくなるまで泡立てる。

2 バターが白くなって、ふわふわになるまで混ぜる。

3 ふわっふわのバターに、なめらかな卵の泡立てを混ぜ合わせる。

卵とバターの温度が同じなら分離せず、うまく馴染む。

スプレッドクリームはビスキュイにつけたり、トーストにつけたり。

基本のビスキュイにクリームをたっぷりのせて。フルーツとの相性もぴったり。

基本のビスキュイにクリームを挟んで、好みのドライフルーツやマロンを添えれば、CHÉRIEならではのビスキュイサンドに。

クリームを挟んでも、不思議なことにビスキュイはカリッとしたままです。

焼きたてスコーン Scone

お休みの日のブランチは、焼きたてスコーンと大好きな香りの紅茶で。
スコーン作りって失敗知らず。実は、とっても簡単なんです。
オーブンから香ばしいバターの香りがしてきたら、そろそろ焼き上がり。
紅茶のしたくを始めましょう。
どのティーカップがいいかな、今日はぐっと気楽にマグカップもいいな。
お皿はどれにしようか、あれかなこれかなと悩むのも楽しいひととき。
クリームやスプレッドクリームを添えたら、この上なく贅沢な時間が流れます。ボックスに入れて手渡せば、おしゃれなプレゼントに。

基本のスコーン
page83

ショコラのスコーン
page84

ナッツのスコーン
page84

ベリーのスコーン
page84

基本のスコーン 作り方 page 83

1 粉類を合わせてふるい入れる。

2-1 冷たいバターを入れて、手早く刻むように混ぜる。

2-2 コンコン、コンコン。サラサラとした状態になるまで。

3-1 卵と牛乳を加える。

3-2 カードで手早く全体を混ぜる。

4 だいたい馴染んだら手でまとめる。

5-1 生地を厚く丸い状態にする。

5-2 カードやナイフで放射状に6等分する。　6 生地を天板に並べてオーブンで焼く。

恋するマドレーヌ Madeleine

焼きたてのマドレーヌは、ふわっふわ。次の日はしっとり。
これまで食べたことのない味わいに、みんなひと口で恋に落ちちゃう。
実は、CHÉRIEのマドレーヌには、こっそり恋の魔法をかけているんです。その魔法ポイントが入ったレシピを、思いきって公開します。
はちみつ、栗、ピスタチオ＆チェリー、それから、チョコにディップしたショコラといちご、とバリエーションも幅広いのもCHÉRIEならでは。そして、作り方は難しくないのもうれしいところ。
ぜひ、トライしてみてくださいね。

栗のマドレーヌ
page88

ショコラのマドレーヌ
page87

基本のはちみつのマドレーヌ
page86

いちごのマドレーヌ
page87

ピスタチオ&チェリーのマドレーヌ
page88

基本のはちみつのマドレーヌ
作り方 page 86

1-1 卵をほぐして、グラニュー糖とはちみつを加える。

1-2 泡立て器ですり混ぜる。

2-1 粉類の半量をふるい入れる。

2-2 ボウルの底に泡立て器をあてるようぐるぐる。

3 リボン状にたらたらと落ちるくらいが混ぜ上がり。

4 一晩冷蔵庫で冷やして、

5 絞り出し袋で入れる。

6 オーブン180℃で10分焼く。焼きたてはホワホワ。

ショコラのマドレーヌ

いちごのマドレーヌ

栗のマドレーヌ

ピスタチオ&チェリーのマドレーヌ

チョコレートのコーティングは、マドレーヌを持ってドボンと浸けて固める。

季節のケイク Cake

バターと砂糖と卵と小麦粉。4つの材料から生まれるケイク。お菓子作りの楽しさ、おもしろさがギュッと詰まったレシピです。
オーブンの中でケイクがぷくっとふくらんで、いい香りが漂ってくると、思わず「わあ〜」と歓声がこぼれます。うれしい♡
基本のケイクがうまく作れるようになったら、春夏秋冬、さくらんぼにオレンジ、レモンに栗など、旬のフルーツなどをたっぷり入れて焼き上げるのがCHÉRIE流。
愛情いっぱいの焼き菓子は、おいしさも格別です。

基本のケイク
page90

ケイク・オ・ショコラ
page94

レモンとポレンタのケイク
page92

さくらんぼのケイク
page91

フレッシュオレンジのケイク
page91

栗のテリーヌ(ケイク・オ・マロン)
page93

基本のケイク
page90

基本のケイク
作り方 page 90

1-1 バターに粉砂糖を2、3回に分けて加える。

1-2 白っぽくなって角が立つくらいまでしっかりと混ぜる。

2-1 卵を6回ぐらいに分けて少しずつ加える。

2-2 生地がだんだん卵色になって、なめらかな状態に。

3 粉類を3回に分けてふるい入れる。

4 やわらかくツヤが出る。

5 生地を型に入れ、表面を平らに。

6 割れた部分も軽く色がついたら焼き上がり。

さくらんぼのケイク
page91

フレッシュオレンジのケイク
page91

さくらんぼのケイク
作り方 page 91

1 チェリーピッターで種をとる。

2 生地の上にさくらんぼを並べる。

3 さくらんぼの上に生地をのせ、平らに。

4 その上に、またさくらんぼを並べる。

フレッシュオレンジのケイク
作り方 page 91

1 オレンジの皮をおろす。

2 表皮をおろしたあと皮をむく。

3 実を1房ずつ切り出す。

4 皮と実を混ぜ込んだ生地。

レモンとポレンタのケイク
page92

栗のテリーヌ（ケイク・オ・マロン）
page93

レモンとポレンタのケイク
作り方 page 92

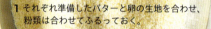

1 それぞれ準備したバターと卵の生地を合わせ、粉類は合わせてふるっておく。

2 バターと卵を合わせた生地に、粉類を混ぜ合わせる。

3 レモンの皮をおろして混ぜ合わせる。

4 焼き上がったら熱いうちにレモンシロップをぬる。

栗のテリーヌ(ケイク・オ・マロン)
作り方 page 93

1 バターとマロンペースト、粉砂糖を合わせ、卵を加える。

2 ふるった粉類を加え、よく混ぜる。

3 生地の半量を入れ、栗を敷き詰める。

ケイク・オ・ショコラ
作り方 page 94

1 ココア入りの生地を作る。

2 湯煎にかけたチョコレートを加える。

3 さっくりと合わせ、生クリームを加える。

4 生地を型にとろとろっと流し入れる。

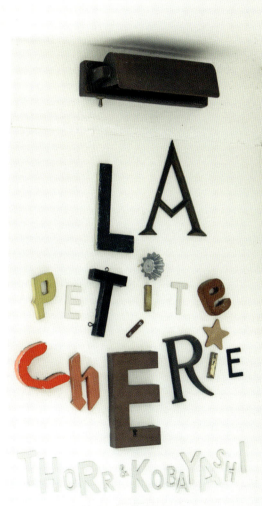

Recettes

ビスキュイとクリーム　Biscuit & Crème

ビスキュイ(BISCUIT)とはフランス語でクッキーのこと。
このページではCHÉRIE MAISON DU BISCUITの
人気のビスキュイやクリームのレシピを、
お家でも作りやすいように少しアレンジしてご紹介します。
まず大切なのは使用する材料。
バターは手に入れば発酵無塩バターがおすすめです。
発酵バターとは、原料のクリームに乳酸菌を加えて
時間をかけてゆっくりと発酵させたバターのこと。
クリーミーなバターのコクと爽やかな酸味がプラスされて
そのまま食べてもとてもおいしいのです。
お店ではすべての焼き菓子やクリームに、
最高級発酵バターだけを贅沢に使用しています。
お家でもぜひ、上質な材料を選んで作ってみてくださいね。

基本のビスキュイ photo page 12-15

[材料] 花型*¹ 40枚分
発酵無塩バター 100g
カソナード*² 100g
塩 0.5g
水(常温) 40㎖
　薄力粉 200g
　ベーキングパウダー 1g

[準備]
・バターは2㎝角ぐらいに切ってボウルに入れ、常温でやわらかくしておく。
・粉類は合わせておく。

[オーブンの予熱] 180℃*³
[焼き温度と時間] 170℃で15分

1 バターをゴムベラでつぶし*⁴、カソナードと塩を加えて馴染ませる。
2 1に水を加えて混ぜ、粉類を3回に分けてふるい入れ、加えるたびにさっくり混ぜ合わせる。
3 2を広げたラップフィルム*⁵の上に取り出し、手のひらで軽く押さえ、上からさらにラップフィルムをかぶせてめん棒で薄くのばす*⁶。
4 バットに入れ、冷蔵庫で一晩冷やす。
5 4を打ち粉(強力粉、分量外)をふった型で抜き*⁷、オーブンシートまたはシルパン*⁸を敷いた天板に並べる。
6 170℃のオーブンで15分焼く。焼き色を見て、色が薄かったら天板の向きを変えて、様子を見ながらもう少し焼く。
7 ムラなく全体に焼き色がつけば焼き上がり*⁹。シートごと網にのせて、粗熱をとる。

★¹ 型は直径45㎜の花形。花びらの数は16枚。

★² カソナードだとカリカリに仕上がる。お店で販売のシンプルなビスキュイナチュールには、製菓用の微粒子グラニュー糖を使用。

★³ 家庭用のオーブンはドアを開けただけで温度が下がるため、予熱は焼く温度よりも高めに設定。

★⁴ 泡立て器だと生地がふくらみ過ぎるので要注意。

★⁵ ラップフィルムはピタッと台につけて、シワシワにならないように。

★⁶ 厚さは好みだが、2.5〜3㎜がおすすめ。

★⁷ バットの中で抜くのが一番簡単。抜けにくいときは再度、生地を冷やすとよい。

★⁸ シリコンコーティングされたベーキングマットのこと。

★⁹ 焼き温度、時間はオーブンによって異なる。様子を見ながら焼くこと。

★缶など密閉容器に乾燥剤を入れて、常温で1か月保存可能。

基本のビスキュイができれば、同じ作り方で3種類のアレンジが作れます。

パルミジャーノのビスキュイ　photo　page 13

[材料]　長方形型[*1] 35〜40枚分
発酵無塩バター　100g
グラニュー糖　80g
塩　0.5g
水（常温）　40mℓ
　薄力粉　150g
　パルミジャーノ・レッジャーノ（粉末）[*2]
　　60g
　ベーキングパウダー　1g

基本のビスキュイと同じ。
作り方2で、1に水を加えて混ぜ、粉類を3回に分けてふるい入れる際、3回目のときにパルミジャーノ・レッジャーノも加える。
あとは同様に。

★[1] 型は70×40mmの長方形。

★[2] 北イタリア産のハードタイプのチーズ。ハードタイプなので、おろし金ですりおろして。うまみと香りが最高。

★缶など密閉容器に乾燥剤を入れて、常温で1か月保存可能。

スペキュロスのビスキュイ　photo　page 13

[材料]　リーフ型[*3] 35〜40枚分
発酵無塩バター　100g
カソナード　135g
塩　0.5g
水（常温）　15mℓ
卵　25g
　薄力粉　200g
　スペキュロスパウダー[*4]　4g
　ベーキングパウダー　1.5g

基本のビスキュイと同じ。
作り方2で、1に水と卵を加えて混ぜ、粉類をふるい入れる際、スペキュロスパウダーも一緒にふるう。
あとは同様に。

★[3] 型は70×40mmのリーフ形。

★[4] 私はドイツ産のものを使用。手に入らないときは、シナモン2g、ナツメグ1g、カルダモン0.5g、クローブ0.5gをミックスして。

★缶など密閉容器に乾燥剤を入れて、常温で1か月保存可能。

ショコラのビスキュイ　photo page 12

[材料]　ハート型*¹　35〜40枚分
発酵無塩バター　100g
カソナード　120g
塩　0.5g
水(常温)　15㎖
卵　25g
　薄力粉　180g
　ココアパウダー*²　20g
　ベーキングパウダー　1.5g

基本のビスキュイと同じ。
作り方**2**で、**1**に水と卵を加えて混ぜ、粉類をふるい入れる際、ココアパウダーも一緒にふるう。
あとは同様に。

★¹ 型は50×50㎜のハート形。

★² 無糖のものを使用。私のおすすめはフランス・ヴァローナ社、カカオバリー社のもの。濃褐色で非常に香りがよい。

★ 缶など密閉容器に乾燥剤を入れて、常温で1か月保存可能。

ビスキュイの砂糖のこと。

私がビスキュイを焼くときによく使う砂糖は、製菓用の微粒子グラニュー糖やカソナード*³ です。
カソナードはカリカリとした香ばしさが特徴。CHÉRIEのスペキュロスのビスキュイやショコラのビスキュイにも使います。
微粒子グラニュー糖はサクサクッと軽めの仕上がりが特徴。CHÉRIEのビスキュイナチュールやパルミジャーノに使用しています。
一般的なグラニュー糖はカリッとサクッとした食感、粉砂糖はほろほろっとやさしい食感に仕上がります。
同じレシピでも砂糖の種類を変えるだけで、食感や風味が変わるので、いろいろ試して好みの味を見つけるのもいいですね。

★³ フランス生まれのサトウキビ100%の茶色い砂糖。はちみつやバニラのような香りで、コクのある味わいと香ばしい風味に仕上がるのが特徴。

77

2種のスプレッドクリーム　photo page 18-19
悪魔のラムレーズンバター

[材料]
発酵無塩バター　150g
ホワイトチョコレート(製菓用)　100g
塩(フルール・ド・セル)　1g
ラム酒漬けレーズン　100g
ラム酒　小さじ2

[準備]
・バターは2cm角ぐらいに切ってボウルに入れ、常温で指で押せるくらいの硬さにする。
・チョコレートはボウルに入れて40℃ほどの湯煎で溶かし、必ず粗熱をとっておく。

1　ラム酒漬けレーズンとラム酒をフードプロセッサーに入れてペースト状にする。
2　バターに塩を加えて*1、ハンドミキサーの高速で、空気を含ませるように白っぽくなるまでしっかりと混ぜる。
3　2にチョコレートを少しずつ加えながら、さらに高速で混ぜ合わせる。1を加え、さらに全体をしっかりと馴染むまで混ぜ合わせたら、悪魔のラムレーズンバターのでき上がり。
4　3を殺菌した保存びんに入れて完成*2。

★1 塩気を加えることで、劇的に味が変わるので必ず入れてください。物足りなさがなくなります。

★2 でき上がったバターは、バゲットやトーストにつけてもおいしい。

天使のいちごバター

[材料]
発酵無塩バター　150g
ルビーチョコレート(製菓用)　135g
練乳(加糖)　35g
塩(フルール・ド・セル)　1g
フリーズドライいちごパウダー　10g
フリーズドライフランボワーズ(飾り用)
　適量

[準備]
・バターは2cm角ぐらいに切ってボ
ウルに入れ、常温で指で押せるくら
いの硬さにする。
・チョコレートはボウルに入れて
40℃ほどの湯煎で溶かし、必ず粗
熱をとっておく。

1　バターに練乳と塩を加えて、ハ
ンドミキサーの高速で、空気を含ま
せるように白っぽくなるまでしっか
りと混ぜる。
2　1にチョコレートを少しずつ加
えながら、さらに高速で混ぜ合わせ
る。いちごパウダーを加え、さらに
全体をしっかりと混ぜ、全体が馴染
んだら天使のいちごバターのでき上
がり*1。
3　2を殺菌した保存びんに入れ
て、フリーズドライのフランボワー
ズを飾って完成。

★1 でき上がったバターは、ビスキ
ュイの他、スコーンやパンケーキに
合わせるのもおすすめ。

★いずれも冷蔵庫で1か月保存可能。

4種のクリーム　photo　page 20-21
発酵バター×卵

[材料]
発酵無塩バター　100g
卵(常温)　100g
グラニュー糖　100g

[準備]
・バターは2cm角ぐらいに切ってボウルに入れ、常温で指で押せるくらいの硬さにする。

1　卵とグラニュー糖をボウルに入れてハンドミキサーの高速で、白っぽくなるまで泡立てる。
2　バターをハンドミキサーの高速で、空気を含ませるように白くふわふわな状態になるまでしっかりと混ぜる。
3　2に、1を2回に分けて加え、そのつど、しっかりと混ぜ合わせて[*1]仕上げる。

★[1] 卵とバターの温度が同じなら分離しにくい。もし分離したと思っても、めげずによく混ぜ続けてください。ツヤが出てきたらでき上がり。

発酵バター×チーズ

[材料]
発酵無塩バター　60g
クリームチーズ　300g
粉砂糖　70g

[準備]
・バターは2cm角ぐらいに切ってボウルに入れ、常温で指で押せるくらいの硬さにする。
・クリームチーズは2cm角ぐらいに切って、常温におく。

1　クリームチーズと粉砂糖をボウルに入れてゴムベラでツヤツヤでなめらかになるまでしっかりと混ぜる。
2　バターをハンドミキサーの高速で、空気を含ませるように白くふわふわな状態になるまでしっかりと混ぜる。
3　2がふわっとしてきたら、1を少しずつ加えながら、ゴムベラで馴染ませるように混ぜ合わせれば[*2]でき上がり。白くふわふわな状態になるまで混ぜる。

★[2] 混ぜ過ぎるとバターとチーズが分離することがあるので、ハンドミキサーではなくゴムベラがおすすめ。

発酵バター×ホワイトチョコレート

[材料]
発酵無塩バター　200g
ホワイトチョコレート(製菓用)[*1]　200g

[準備]
・バターは2cm角ぐらいに切ってボウルに入れ、常温で指で押せるくらいの硬さにする。やわらかくなり過ぎないよう注意。
・チョコレートはボウルに入れて40℃ほどの湯煎で溶かし、必ず粗熱をとっておく[*2]。

1　バターをハンドミキサーの高速で、空気を含ませるように白くふわふわな状態になるまでしっかりと混ぜる。
2　1にチョコレートを半量加えて、高速で混ぜ合わせる。残りのチョコレートを加え、角が立ってふんわりかさが増すまで、しっかりと混ぜ合わせる[*3]。

[*1] チョコレートはホワイトチョコレート、ミルクチョコレート、ルビーチョコレートなど好みで。今回はホワイトチョコレートとルビーチョコレートを使って、2種類のチョコレートクリームを作りました。

[*2] 熱いままだとバターを溶かしてしまうので要注意。

[*3] 空気を含ませるような感じで、しっかりと混ぜること。

発酵バター×ルビーチョコレート

[材料]
発酵無塩バター　200g
ルビーチョコレート(製菓用)[*1]　200g

[準備]
・バターは2cm角ぐらいに切ってボウルに入れ、常温で指で押せるくらいの硬さにする。やわらかくなり過ぎないよう注意。
・チョコレートはボウルに入れて40℃ほどの湯煎で溶かし、必ず粗熱をとっておく[*2]。

1　バターをハンドミキサーの高速で、空気を含ませるように白くふわふわな状態になるまでしっかりと混ぜる。
2　1にチョコレートを半量加えて、高速で混ぜ合わせる。残りのチョコレートを加え、角が立ってふんわりかさが増すまで、しっかりと混ぜ合わせる[*3]。

★カカオの%が高いチョコレートを使用するとクリームが硬くなりやすい。

★いずれも冷蔵庫で3日間保存可能。

焼きたてスコーン Scone

スコーンには、イギリスのアフタヌーンティーに代表されるような
形が丸く、プレーンで甘さひかえめホロホロの食感のものや、
アメリカのように、ちょっと大きめサイズの三角形で、
チョコやナッツを加えて焼いたザクザクッとした味わいのものも。
両方のよさを併せ持つのがCHÉRIEのスコーン。
プレーンスコーンには、ぜひクリームやジャムをつけてみて。
冷凍のミックスフルーツやドライフルーツ、
フレッシュなブルーベリーなどの果物、またチョコレートなど、
好みの具材をたっぷりと入れて焼いたら、
まるでケーキのようなインパクトのある味わいに変身します。
お家で作るような、素朴で温かみのある焼き菓子が大好きなので
店でも型を使わずに好みのサイズにカットして焼いています。
ゴツゴツ、ボコボコ。いろんな表情が生まれるのも楽しいのです。

基本のスコーン photo page 30-35

[材料] 6個分
薄力粉　200g
グラニュー糖　50g
ベーキングパウダー　6g
塩(フルール・ド・セル)　2g
発酵無塩バター　60g
卵(Mサイズ)　1個
牛乳　大さじ2

[オーブンの予熱]　180℃ ★1
[焼き温度と時間]　170℃で20〜22分

1　薄力粉、グラニュー糖、ベーキングパウダー、塩を合わせてボウル★2 にふるい入れる。
2　冷たいままのバターを2cm角ぐらいに切って1に加え、カードを使って粉類とバターを手早くコンコンと刻むようにしながら、サラサラとした状態にする。バターの塊が見つかったら、またコンコンし、サラサラにする。
3　2に卵を割り入れ、牛乳を加えて、再びカードで手早く刻むように全体を混ぜる。
4　だいたい馴染んだら、生地全体が均一に混ざるよう手でまとめる。
5　打ち粉(強力粉、分量外)をふった作業台に、4を直径12cm、高さ5cmほどの厚く丸い状態にする。これをカードまたはナイフで放射状に6等分する。
6　カットした5をシルパン(p75参照)またはオーブンシートを敷いた天板に、間隔を空けて並べる。170℃のオーブンで20〜22分★3 焼く。香ばしい色になったら焼き上がり。

★1 家庭用のオーブンはドアを開けただけで温度が下がるため、予熱は焼く温度よりも高めに設定。

★2 夏場はバターが溶けやすいので、ボウルも冷やしておき、手早く作業すること。フードプロセッサーで作る場合は、粉類はふるわず、合わせて回し、バターを加えて、また回すとよい。

★3 焼き温度、時間はオーブンによって異なる。様子を見ながら焼くこと。

★スコーンは焼いた当日が一番おいしい。すぐに食べない場合は冷凍保存を。解凍の際は電子レンジで30秒ほど加熱後、トースターで軽く焼き直すと焼きたてのおいしさに。

83

ショコラのスコーン photo page 30-35

[材料]
基本のスコーンの材料と同じ
チョコレート*¹ 75g

基本のスコーンとほぼ同じ。作り方5で形作る前に、生地を広げてチョコレートを加え、生地全体に混ぜ合わせてから、一つにまとめて形を整える。
あとは同様に。

★¹ 刻んだもの、またはチップを用意。

ナッツのスコーン photo page 30-35

[材料]
基本のスコーンの材料と同じ
ナッツ*² 75g

基本のスコーンとほぼ同じ。作り方5で形作る前に、生地を広げてナッツを加え、生地全体に混ぜ合わせてから、一つにまとめて形を整える。
あとは同様に。

★² ローストした好みのナッツ類を砕いたものを用意。

ベリーのスコーン photo page 30-35

[材料]
基本のスコーンの材料と同じ
ベリー*³ 75g

基本のスコーンとほぼ同じ。作り方5で形作る前に、生地を広げてベリーを加え、生地全体に混ぜ合わせてから、一つにまとめて形を整える。
あとは同様に。

★³ フランボワーズ37.5g&カシス37.5gを合わせて(冷凍でも可)。

恋するマドレーヌ Madeleine

マドレーヌはフランス・ロレーヌ地方コメルシーで生まれたお菓子。
その昔、ホタテの貝殻を使って焼いたことが始まりといわれています。
マルセル・プルーストの小説『失われた時を求めて』にも登場する
フランスの伝統的なお菓子です。
卵、砂糖、小麦粉、バター、はちみつなどのシンプルな材料を
ぐるぐるっと混ぜて焼くだけなので、
少ない材料と道具で、手軽に作れるのも魅力的。
ただし、お店のようにおいしく作るためにはポイントがあります。
作った生地はすぐに焼かずにしっかりと冷やしてから焼くこと。
オーブンは必ず予熱すること。
型はできるだけきれいな焼き色がつく金属製のものを使用すること。
冷やした生地を焼くと、中心まで熱が伝わるのに時間がかかるので
最後にポコンッと中央にふくらみができます。
かがやく黄金の焼き色と、この「ポコン」こそが、
おいしいマドレーヌの形です。
アツアツ焼きたてのマドレーヌもぜひ食べてみてくださいね。

基本のはちみつのマドレーヌ photo page 40-45

[材料] シェル型[*1] 12個分
卵　2個
グラニュー糖　80g
はちみつ　30g
　薄力粉　100g
　ベーキングパウダー　4g
発酵無塩バター　120g

[準備]
・バターは鍋(または電子レンジ)で溶かし、粗熱をとっておく[*2]。
・粉類は合わせておく。

[オーブンの予熱] 190℃[*3]
[焼き温度と時間] 180℃で10分

1　卵をボウルに割り入れ、泡立て器でほぐしてから、グラニュー糖とはちみつを加えてすり混ぜる。
2　1に粉類の半量をふるい入れ、ボウルの底に泡立て器をあてるような感じで、すり混ぜる。だいたい混ざったら、残りを加えて混ぜる。
3　2に溶かしバターを一度に加えて丁寧にすり混ぜる。泡立て器を持ち上げると、リボン状にたらたらと落ちるくらいがベスト。
4　すぐに焼かず、冷蔵庫で必ず2時間以上、できれば一晩冷やす[*4]。
5　マドレーヌ型に溶かしバター(分量外)をぬる。4を型の8分目ぐらい入れる[*5]。
6　180℃のオーブンで10分[*6]焼く。真ん中がぷっくりふくらんだら焼き上がり。

[*1] 70×60mmのホタテ貝形のマドレーヌ型。

[*2] バターが熱いと生地の時点でベーキングパウダーが加熱され、ふくらんでしまうので要注意。

[*3] 家庭用のオーブンはドアを開けただけで温度が下がるため、予熱は焼く温度よりも高めに設定。

[*4] 生地を冷やすことで、ぷくっと(おヘソが)ふくらむ。

[*5] 絞り出し袋で入れるとよい。なければスプーンで入れても。

[*6] 焼き温度、時間はオーブンによって異なる。様子を見ながら焼くこと。ふくらみの中心部分が生っぽくなければOK。焼きたてはホワホワでおいしい。

★冷暗所で3日間保存可能。

ショコラのマドレーヌ photo page 46

[材料] シェル型*1 12個分
卵　2個
グラニュー糖　80g
はちみつ　30g
│薄力粉　80g
│ココアパウダー　15g
│ベーキングパウダー　4g
発酵無塩バター　120g

基本のはちみつのマドレーヌと同じ。作り方2で、1に混ぜ合わせた粉類をふるい入れる際、ココアパウダーも一緒にふるう。
あとは同様に。
生地はすぐに焼かず、冷蔵庫で必ず2時間以上、できれば一晩冷やす。
焼き時間は基本と同じ。

*1 70×60㎜のホタテ貝形のマドレーヌ型。

★冷暗所で3日間保存可能。

いちごのマドレーヌ photo page 46

[材料] シェル型*1 12個分
卵　2個
グラニュー糖　80g
はちみつ　30g
│薄力粉　90g
│フリーズドライいちごパウダー　8g
│ベーキングパウダー　4g
発酵無塩バター　120g

基本のはちみつのマドレーヌと同じ。作り方2で、1に混ぜ合わせた粉類をふるい入れる際、フリーズドライいちごパウダーも一緒にふるう。
あとは同様に。
生地はすぐに焼かず、冷蔵庫で必ず2時間以上、できれば一晩冷やす。
焼き時間は基本と同じ。

★冷暗所で3日間保存可能。

チョコレート・コーティング photo page 47

[材料]
いちごのマドレーヌ用
ホワイトチョコレート　300g
＋フリーズドライいちごパウダー　適量
ショコラのマドレーヌ用
スイートチョコレート　300g

チョコレートを40℃ほどの湯煎で溶かして、粗熱をとったマドレーヌを持ってドボンとたっぷり浸けて固める。

★チョコレートをコーティングしたらそのまま置いて固める。固まりにくいときは、冷蔵庫で少し冷やすとよい。

★冷暗所で3日間保存可能。

栗のマドレーヌ photo page 46

[材料]　シェル型*¹ 12個分
卵　2個
グラニュー糖　80g
はちみつ　30g
　薄力粉　80g
　栗粉*²　20g
　ベーキングパウダー　4g
発酵無塩バター　120g
栗の渋皮煮(半分に切る)　6個分

基本のはちみつのマドレーヌとほぼ同じ。
作り方2で、1に混ぜ合わせた粉類をふるい入れる際、栗粉も一緒にふるう。
生地はすぐに焼かず、冷蔵庫で必ず2時間以上、できれば一晩冷やす。
作り方5で、生地を型に入れたら栗の渋皮煮を加える。
焼き時間は基本と同じ。

★¹ 70×60mmのホタテ貝形のマドレーヌ型。

★² 私はイタリア産のものを使用。

★冷暗所で2日間保存可能。

 ## ピスタチオ＆チェリーのマドレーヌ photo page 46

[材料]　シェル型*¹ 12個分
卵　2個
グラニュー糖　80g
はちみつ　30g
　薄力粉　100g
　ベーキングパウダー　4g
ピスタチオペースト　30g
発酵無塩バター　120g
グリオットチェリー*³　24粒

基本のはちみつのマドレーヌとほぼ同じ。
作り方3で、2に溶かしバターとピスタチオペーストを一度に加えてしっかりとすり混ぜる。泡立て器を持ち上げると、リボン状にたらたらと落ちるくらいがベスト。
生地はすぐに焼かず、冷蔵庫で必ず2時間以上、できれば一晩冷やす。
作り方5で、生地を型に入れたらグリオットチェリーを2粒ずつ加える。
焼き時間は基本と同じ。

★³ グリオットチェリーのキルシュ漬け。

★冷暗所で2日間保存可能。

季節のケイク Cake

ケイク型は1本持っているだけで、
いろいろなバリエーションが焼けるのでとっても便利。
発酵バターをふわふわになるまで混ぜる。
卵を加えて生地をしっかり乳化させる、など
まず、基本のケイクの作り方とポイントをしっかり覚えましょう。
分量は守りながら、加える果物を好みのものに変えて
「私だけの季節のケイク」を焼いてみるのもすてきです。
旬のフルーツやチョコレートなどをたっぷり使った、
贅沢なケイクを作りながら
ワクワク焼き上がりを待つ、私だけの幸せな時間。
日持ちする焼き菓子なので、
焼き上がったらラッピングして、誰かにプレゼントしたくなる。
季節のおいしいケイク、焼いてみませんか?

基本のケイク photo page 52-57

[材料]　パウンド型*¹ 1本分
発酵無塩バター　150g
粉砂糖またはグラニュー糖*²　150g
塩　ひとつまみ
卵(常温)*³　150g
│薄力粉　150g
│ベーキングパウダー　2g

[準備]
・バターは2cm角ぐらいに切ってボウルに入れ、常温でやわらかくしておく。
・型の内側にやわらかくしたバター(分量外)を全体にぬって、打ち粉(強力粉、分量外)をふる。または、クッキングシートを型の内側に敷いておく。

[オーブンの予熱]　180℃*⁴
[焼き温度と時間]　170℃で35〜40分

1　バターに粉砂糖を2、3回に分けて加え、さらに塩を加えて泡立て器で混ぜ*⁵、クリーム状にする。空気を含んで白っぽくなって角が立つくらい、しっかりと混ぜ合わせる。
2　卵を別のボウルに溶きほぐし、1に6回ぐらいに分けて加え*⁶、そのつど、しっかりと混ぜ合わせる。生地がだんだん卵色になって、なめらかな状態になるまで混ぜ合わせる。
3　2に粉類を3回に分けてふるい入れ、ゴムベラで加えるたびにさっくり切るように混ぜ合わせる*⁷。
4　粉類を混ぜたらまわりもこそぎつつ、完全に粉がなくなるまでしっかりとゴムベラで混ぜる。生地がやわらかくツヤが出てクリーミーになればOK。
5　4を型に入れ、表面を平らにならす。
6　170℃のオーブンで35〜40分*⁸焼く。中央がきれいにひび割れ、割れた部分も軽く色がついたら焼き上がり。
7　焼き上がったらすぐに型から外し、網の上で粗熱をとる。
8　粗熱がとれたらラップフィルムに包んで*⁹完成。

★¹ 210×80×60mmのパウンド型を使用。

★² グラニュー糖でもよいが、粉砂糖のほうが粒子が細かく混ざりやすく、きれいに焼き上がるのでおすすめ。

★³ 卵はきっちりと量ること。卵が冷た過ぎると分離するので要注意。卵とバターの温度が近いとよい。

★⁴ 家庭用のオーブンはドアを開けただけで温度が下がるため、予熱は焼く温度よりも高めに設定。

★⁵ ハンドミキサーでもOK。

★⁶ 卵は一度に加えると分離するので要注意。

★⁷ 底からすくって、真ん中で切る、を繰り返して混ぜる。

★⁸ 焼き温度、時間はオーブンによって異なる。様子を見ながら焼くこと。

★⁹ ラップフィルムに包むことで乾燥せず、しっとりとしたケイクになる。

★冷暗所で1週間保存可能。

さくらんぼのケイク　photo page 58,60

[材料]　パウンド型*¹　1本分
基本のケイクの材料と同じ
ダークチェリー*²　250g(正味)*³

[オーブンの予熱]　180℃
[焼き温度と時間]　170℃で40〜45分

基本のケイクとほぼ同じ。
チェリーの種をとっておく。
作り方5で、生地を3分の1ぐらい型に入れた上に、チェリーを並べる。その上に生地をのせてチェリーを並べ、また生地をのせてチェリーをのせてを繰り返す。チェリーは焼いているうちに沈むので、一番上は多めでもよい。
170℃のオーブンで40〜45分、様子を見ながら焼く。
あとは同様に。

★¹ 210×80×60mmのパウンド型を使用。

★² ダークチェリーの季節になったら、ぜひフレッシュを入れて焼いてみて。生のダークチェリーがなければシロップ漬け(缶詰)を使用。

★³ ダークチェリーの分量は種をとった正味。

★冬季なら冷暗所で3日、夏季は冷蔵庫で1週間保存可能。

 ## フレッシュオレンジのケイク　photo page 59,61

[材料]　パウンド型*¹　1本分
基本のケイクの材料と同じ
オレンジ*⁴　1個

[オーブンの予熱]　180℃
[焼き温度と時間]　170℃で40〜45分

基本のケイクとほぼ同じ。
作り方4で、オレンジの皮をおろして混ぜ入れ、皮をむいて、実を1房ずつ切り出し、さらに半分に切って加えて混ぜる。
生地を型に入れ、170℃のオーブンで40〜45分、様子を見ながら焼く。
あとは同様に。

★⁴ オレンジは国産の無農薬を使用。

★冬季なら冷暗所で3日、夏季は冷蔵庫で1週間保存可能。

レモンとポレンタのケイク photo page 62,64-65

[材料]　パウンド型*¹　1本分
発酵無塩バター　150g
粉砂糖またはグラニュー糖　150g
塩　ひとつまみ
卵（常温）　150g
|　ポレンタ粉*²　100g
|　アーモンドパウダー　75g
|　ベーキングパウダー　3g
レモン（無農薬）　1個
レモンシロップ
　レモン果汁　1個分
　粉砂糖　80g

[準備]
・バターは2cm角ぐらいに切ってボウルに入れ、常温でやわらかくしておく。
・型の内側にやわらかくしたバター（分量外）を全体にぬって、打ち粉（強力粉、分量外）をふる。または、クッキングシートを型の内側に敷いておく。
・粉類は合わせてふるっておく。
・レモンシロップの材料を合わせておく。

[オーブンの予熱]　180℃*³
[焼き温度と時間]　170℃で50分

1-2は基本のケイクと同じ。
3　2に粉類を3回に分けて加え、ゴムベラでさっくり切るように混ぜ合わせる。
4　粉類が混ざったらレモンの皮をおろし入れ、完全に粉気がなくなるまで切るように混ぜる。よく混ぜても、ざらっとした感じの仕上がり。それで大丈夫。
5　4を型に入れ、表面を平らにならす。
6　170℃のオーブンで50分焼く。
7　焼き上がったらすぐに型から外し、レモンシロップを全体（表面、側面、底面）に刷毛でぬる。
8　粗熱がとれたらラップフィルムに包んで完成。

*¹ 210×80×60mmのパウンド型を使用。

*² とうもろこし粉のことで、コーンミールとも呼ばれる。イタリアやイギリスではお菓子や料理にもよく使う材料。プチプチとした食感がおいしい。

*³ 家庭用のオーブンはドアを開けただけで温度が下がるため、予熱は焼く温度よりも高めに設定。

*冬季なら冷暗所で、夏季は冷蔵庫で1週間保存可能。

栗のテリーヌ(ケイク・オ・マロン) photo page 63,66

[材料] パウンド型[*1] 1本分
発酵無塩バター 100g
マロンペースト(サバトン)[*2] 180g
粉砂糖 50g
卵(Mサイズ、常温) 1個
　アーモンドパウダー 50g
　薄力粉[*3] 20g
　ベーキングパウダー 2g
栗の渋皮煮 10個
栗のリキュール 適量

[準備]
・バターは2cm角ぐらいに切ってボウルに入れ、常温でやわらかくしておく。
・型の内側にやわらかくしたバター(分量外)を全体にぬって、打ち粉(強力粉、分量外)をふる。または、クッキングシートを型の内側に敷いておく。
・粉類は合わせてふるっておく。

[オーブンの予熱] 160℃[*4]
[焼き温度と時間] 150℃で70分

1　バターとマロンペーストを合わせ、ゴムベラで馴染むまでしっかりと混ぜ合わせる。馴染んだら泡立て器に替え、やわらかなクリーム状にする。
2　1に粉砂糖を加え、しっかり混ぜ合わせる。
3　卵を別のボウルで溶きほぐし、2に2回に分けて加え、そのつど、しっかりと混ぜてツヤのある状態にする。
4　3に粉類を一度に加え、ゴムベラで混ざりきるまで、さっくりと全体に混ぜる。
5　4の半量を型に入れ、表面を平らにならし、栗の渋皮煮を端から丸いほうを下にして入れる。上から残りの4を入れ、表面を平らにならす。
6　150℃のオーブンで70分焼く。
7　焼き上がったらすぐに型から外し、栗のリキュールを全体(表面、側面、底面)に刷毛でぬる。
8　粗熱がとれたらラップフィルムに包んで完成。

[*1] 210×80×60mmのパウンド型を使用。

[*2] 栗に砂糖を加えてペースト状にしたもの。似た材料にマロンクリームがあるが、クリームはペーストより糖類が多く甘みが強いので間違えないように。

[*3] 手に入れば、薄力粉を栗粉に置き換えて作るのもおすすめ。

[*4] 家庭用のオーブンはドアを開けただけで温度が下がるため、予熱は焼く温度よりも高めに設定。

*冬季なら冷暗所で、夏季は冷蔵庫で1週間保存可能。

ケイク・オ・ショコラ
photo page 68-69

[材料]　パウンド型*¹　1本分
卵（Mサイズ、常温）　2個
グラニュー糖　80g
はちみつ　40g
| 強力粉　60g
| アーモンドパウダー　40g
| ココアパウダー（無糖）　10g
| ベーキングパウダー　5g
発酵無塩バター　45g
チョコレート（カカオ60％ほど）*²　70g
生クリーム（常温）*³　50mℓ
表面のトッピング
　　刻みアーモンド、カカオニブ　各適量

[準備]
・バターは2cm角ぐらいに切ってボウルに入れ、常温でやわらかくしておく。
・型の内側にやわらかくしたバター（分量外）を全体にぬって、打ち粉（強力粉、分量外）をふる。または、クッキングシートを型の内側に敷いておく。
・粉類は合わせてふるっておく。

[オーブンの予熱]　180℃*⁴
[焼き温度と時間]　170℃で40分

1　卵、グラニュー糖、はちみつをボウルに入れ、40℃ほどの湯煎で温めながら泡立てる。白っぽくふわっとするまで泡立てる。
2　1に粉類を加え、ゴムベラでさっくり切るように、底からすくうように混ぜ合わせる。
3　バターとチョコレートを40℃ほどの湯煎で溶かす。
4　2に3を加え、ゴムベラでさっくりと混ぜ合わせる。さらに生クリームを加え、すくいながらとろとろするまで混ぜる。
5　4を型に流し入れ、表面を平らにならし、上にアーモンドとカカオニブをふる。たっぷりのせたほうがおいしい。
6　170℃のオーブンで40分焼く。
7　焼き上がったらすぐに型から外し、網の上で粗熱をとる。
8　粗熱がとれたらラップフィルムに包んで完成。

*¹ 210×80×60mmのパウンド型を使用。

*² チョコレートの味は大切なのでおいしいものを。私はベルギー・カレボー社、フランス・ヴァローナ社のものが好き。

*³ 生クリームは冷たい状態で入れないこと。常温または電子レンジで10秒ほど温めたものを加える。

*⁴ 家庭用のオーブンはドアを開けただけで温度が下がるため、予熱は焼く温度よりも高めに設定。

★冬季なら冷暗所で、夏季は冷蔵庫で1週間保存可能。

シェリーのお菓子 CHÉRIE MAISON DU BISCUIT

かわいくってかわいくって、胸がキュンとするお菓子。
食べてみたら、おいしくて夢見心地になる。
自分がまた欲しくなるのはもちろんだけど、
誰かにプレゼントせずにはいられなくなる。
そんなお菓子を作りたくて、京都のアトリエ1階に
小さなお菓子屋さんを開きました。
安心、安全な材料にこだわり、毎日、心を込めて作っています。
かわいいお菓子にぴったりのすてきなパッケージにもこだわり、
ずっとそばにおいておきたくなるデザインを心がけました。
お菓子を通して、ほんわか幸せ気分にひたっていただけたら。
そしてそして、そんなお菓子をお家でも作っていただけるよう、
なるべく身近な材料で、まるでお店のような味が作れる、
シンプルでわかりやすく失敗のないレシピを考えました。
この本を手に、ぜひ作ってみてください。
そして、大切な方にプレゼントして差し上げてください。
小さな幸せをあの人にも、この人にも……。

小林かなえ

パリ「エコール・リッツ・エスコフィエ」卒業。パリのホテルなどで修業を重ね、1997年京都で
菓子教室「ラ・プティ・シェリー」を開き、全国から通う生徒も多数の人気教室に。レシピ本や
パリガイドなど執筆の傍ら、NHK『きょうの料理』などでも活躍。 2019年3月「シェリーメゾ
ンドビスキュイ」をオープン。一番人気のビスキュイサンドは、オンラインショップでも即完売し、
入手困難な幻のスイーツとも言われるほど。 2023年9月にはデセールパフェ専門店「シェリ
ーメゾンドパフェ」をオープン。
Instagram @kanaesweets

シェリーメゾンドビスキュイ
京都府京都市中京区高倉通り夷川上る福屋町733-2　TEL075-744-1299
http://www.kanaekobayashi.com　https://cheriekyoto.stores.jp
シェリーメゾンドパフェ
京都府京都市中京区竹屋町通り衣棚東入る相生町281　TEL なし　完全予約制

装画・挿絵　ヒグチユウコ
ブックデザイン　若山嘉代子 L'espace
撮影　わたなべよしこ
校閲　藤吉優子
編集　渡辺紀子
　　　鈴木百合子（文化出版局）

CHÉRIE MAISON DU BISCUIT
シェリーのお菓子

2025年1月26日　第1刷発行

著者　小林かなえ
発行者　清木孝悦
発行所　学校法人文化学園 文化出版局
　　　　〒151-8524　東京都渋谷区代々木3-22-1
　　　　電話03-3299-2479（編集）　03-3299-2540（営業）
印刷・製本所　株式会社文化カラー印刷

©Kanae Kobayashi 2025　Printed in Japan
本書の写真、カット及び内容の無断転載を禁じます。

本書のコピー、スキャン、デジタル化等の無断複製は著作権法上での例外を除き、禁じられています。
本書を代行業者等の第三者に依頼してスキャンやデジタル化することは、
たとえ個人や家庭内での利用でも著作権違反になります。

文化出版局のホームページ　https://books.bunka.ac.jp